# RELATION
## DE LA
## NOUVELLE DECOUVERTE
## D'UNE SOURCE
### QUI COULE DEPUIS PEU
dans la Ville de Coulanges la Vineuse
en Bourgogne.

A PARIS,
Chez CLAUDE JOMBERT, Quay des Augustins,
vis-à-vis la descente du Pont-Neuf,
à l'Image de Nôtre-Dame.

---

M DCC XII.
*Avec Approbation & Permission.*

# RELATION

DE LA NOUVELLE découverte d'une Source qui coule depuis peu dans la Ville de Coulanges la Vineuse en Bourgogne.

ONSIEUR,

Sur ce que l'on vous a dit que j'ay donné une attention particuliere à tout ce qui s'est fait pour la découverte d'une Source, qui depuis peu fait plusieurs Fontaines dans la Ville de Coulanges la Vineuſe ; vous demandez à voir le Recueil de mes obſervations, & je connois par vôtre Lettre que c'eſt plus pour procurer un ſemblable avantage à vos Habitans, que pour ſatisfaire à une ſimple curioſité. Je ne puis cependant vous envoyer qu'un abregé de cette hiſtoire ; mais je promets que vous l'aurez bien-tôt toute entiere, avec même le devis que M. Couplet Ingenieur ordinaire du Roy près les Pages de ſa grande Ecurie, &c. a fait voir à des perſonnes à qui nul ne peut refuſer ſa confiance, & qui le lui ont renvoyé avec des Lettres qui marquent, *qu'il eſt ſi bien fait & ſi curieux qu'on en auroit fait une copie pour garder, ſi je ne leur avois pas mandé qu'il en avoit promptement beſoin pour faire commencer ſon entrepriſe.*

Je vous aſſureray davantage de l'utilité que vous en tirerez, en vous faisant sçavoir que dans ces Lettres on le traite de *Bienfaicteur de Coulanges.* On lui écrit *que la saison & le mauvais temps auquel il s'expose tous les jours sans aucun ménagement, pour procurer aux Habitans le plus grand bien qui pouvoit jamais leur arriver, augmente encore les obligations qu'on lui a.* Ces illustres Personnes s'écrient *sur son bon cœur & le plaisir qu'il prend à obliger :* elles l'assurent de *tous les congez de la Cour qu'il lui faut pendant son absence,* & lui promettent *qu'il ne seme pas en terre ingrate ; qu'il n'y a rien qu'on ne fasse pour lui témoigner jusqu'où va la reconnoissance; qu'elle ne peut aller trop loin pour être proportionnée à tout ce qu'il fait avec tant d'affection & de capacité ; que c'est un Moïse qui a sçû frapper la roche, & faire sortir un torrent d'eau.* Elles demandent s'il est à l'Observatoire ou à Versailles, & quand elles pourront l'as-

*surer elles-mêmes qu'on ne peut lui être plus obligé, ni l'honorer davantage.*

COULANGES est une Ville de Bourgogne située à trois lieuës d'Auxerre du côté du Midy; on l'appelle *la Vineuse*, parceque son territoire est un Vignoble qui produit des vins aussi agréables au goût qu'utiles à la santé. Mais pendant qu'elle envoyoit de tous côtez cette liqueur délicieuse, elle-même manquoit de la plus commune & la plus necessaire à la vie; elle n'avoit point d'eau. Les Habitans étoient réduits à se servir de Mares; & parcequ'elles étoient long-temps à sec, ils alloient souvent fort loin chercher un Puits qui tarissoit aussi, & les renvoyoit à la Fontaine d'Ecolives qui est à une lieuë de-là. Comme il passe des gens de guerre sur cette route, les femmes n'y pouvoient aller sans danger d'être insultées ; d'ailleurs la Ville étant sujette aux incendies, chaque Habitant étoit obligé par Ordonnance de Police de tenir à sa porte un tonneau plein d'eau. Cette sage précaution n'avoit pas empêché qu'elle ne fût brûlée trois fois en trente ans, & qu'on n'eût été obligé en 1705 de jetter du vin sur le feu. Aussi dans la crainte d'être un jour envelopez dans l'embrasement, plusieurs des principaux Habitans s'étoient établis ailleurs, & une partie de la Ville réduite en cendres, éloignoit les étrangers que la beauté du lieu, la douceur du climat, & la fertilité du terroir y auroit attirez.

Depuis plusieurs Siecles, & particulierement depuis un Arrest du Conseil du 23 Octobre 1516, qui permet aux Habitans de lever un impôt sur chaque piece de vin qui sortira de leur territoire pour employer le produit à leur trouver de l'eau, ils n'avoient épargné ni recherches ni dépenses, & tous leurs efforts n'avoient fait que les convaincre que leur mal étoit sans remede. La gloire de réüssir dans cette entreprise & de rendre Coulanges florissante étoit réservée à un Magistrat d'un genie superieur, qui fut persuadé qu'une grande authorité doit s'exercer pour l'utilité publique. Dés que M. Daguesseau Procureur General fut devenu Seigneur de cette Ville, il résolut de tenter toutes les voyes imaginables pour au moins se convaincre qu'il ne devoit pas permettre qu'elle fît davantage de dépenses. En Septembre 1705 il s'adressa à M. Couplet pour l'execution de son dessein. Cet Ingenieur partit aussi-tôt,

& quoiqu'il arrivât fort tard à Auxerre, le lendemain de grand matin il se mit en chemin, disant à ceux qui avoient eu ordre de le conduire de-là à Coulanges, que la saison jointe à l'année qui étoit la plus seche qui eût encore été observée, parcequ'il n'avoit point neigé & presque point plu, le pressoit d'arriver dans un temps si favorable pour la recherche qu'il alloit faire ; que s'il trouvoit de l'eau assez haute pour être conduite où l'on en demandoit, il assureroit qu'elle y couleroit éternellement, & plus abondamment les années suivantes.

1. Instruction.
2. Instruction.

Les observations de l'Académie des Sciences ont justifié son empressement ; on a sçû qu'en 1705 il n'étoit tombé que 13 pouces 10 lignes ½ de hauteur d'eau, au lieu que dans les années précedentes il en étoit toûjours tombé environ 19 pouces ; & l'on a depuis remarqué que cette quantité commune de 19 pouces revenoit. Qu'en 1706 il en tomba 15 pouces 3 lignes ½ ; en 1707 17 pouces 11 lignes ; en 1708, 18 pouces 6 lignes. On voyoit M. C...... s'écarter en allant tantôt d'un côté tantôt de l'autre du chemin, & toûjours attentif à la disposition de la campagne & à la qualité du terrain. Il demandoit souvent qu'on lui indiquât le mieux que l'on pouvoit la situation de la Ville. Il avoit fait environ deux lieuës, quand il dit que ce qu'il avoit vû lui faisoit craindre qu'il ne fallût faire des rigolles comme il en avoit tracé aux environs de Versailles pour prendre l'eau des pluïes aussi-tôt qu'elle est tombée sur la terre, & la conduire dans des Etangs ou Réservoirs avant qu'elle

*3. Instruction.*

*4. Instruction.*

ait eu le temps de se filtrer ou descendre trop bas pour en pouvoir joüir. Peu de temps aprés il dit que le terrain changeoit, & environ à 600 toises de la Ville il demanda si ce qu'il voyoit étoit Coulanges; puis il assura que l'Epoque de cette premiere année qu'elle avoit un si illustre Seigneur, seroit connu à la posterité par les Fontaines dont il l'alloit enrichir. L'entretien de M. C...... qui avoit expliqué pendant le chemin avec franchise & avec netteté les secrets de son art, & qui sembloit prendre plus de plaisir à enseigner que les autres n'en ont à se faire admirer, détermina M. le President Berault qui l'avoit conduit, à courir à la Ville se faire honneur d'annoncer le premier cette nouvelle. Tous les Habitans étant venus où M. C...... faisoit des Nivellemens, ils apprirent de lui-même qu'il y avoit là plus d'eau qu'il n'en falloit pour fournir abondamment à tous les besoins d'une Ville bien plus grande que Coulanges ne lui paroissoit, & d'autant plus qu'il n'avoit pas dessein de leur donner de quoy faire des Jets d'eau & des Cascades; qu'elle n'étoit qu'à 14 pieds de profondeur, & qu'il la feroit entrer par un endroit des murs de leur Ville qu'il leur montra, plus haut que leurs plus hautes maisons. Ce discours fit une impression si vive sur l'esprit de ce peuple alteré, que dans l'impatience de la joye d'avoir de l'eau, la partie de Vigne où il étoit auroit été renversée par les Proprietaires mêmes, s'il n'eût arrêté leur empressement, & promis qu'il la feroit sortir de terre par un autre endroit où il y auroit moins de dégât à faire. Il leur dit en le cherchant, que pour la perfection d'une telle entreprise il falloit, 1°. trouver l'eau avec la moindre dépense qu'il étoit possible, 2°. sans toutefois rien retrancher de celle que demande la solidité de l'ouvrage à faire, parceque les réparations en sont le seul desagrément, 3°. qu'il la falloit prendre sur un fond inalterable, 4°. la soûtenir le plus haut qu'il étoit necessaire, 5°. & non toûjours le plus haut qu'il étoit possible, si pour ces avantages on perdoit de sa quantité.

Il planta ailleurs trois picquets, par où il ordonna que l'on fît passer une tranchée, sur le fond de laquelle on verroit venir, dit-il, plusieurs filets d'eau, qui tous ensemble formeroient sous le picquet du milieu une source qu'il feroit emboucher dans une conduite de tuyaux, qui de là la meneroit à la

*§. Instruction.*

Ville. Il appella ce premier ouvrage *Tranchées de recherche*. Il montra comment il en falloit prolonger un des bouts plus loin qu'il ne l'avoit marqué, si l'on vouloit une plus grande quantité d'eau que cel-

6. Inftru-ction. le qu'il eftimoit fuffifante. Il recommanda expreffément de ceffer de foüiller fi-tôt qu'on auroit décou-

7. Inftru-ction. vert ce fond moüillé de Sourcins, parceque le fable qu'il venoit de voir fur un chemin qu'on lui avoit nommé *le chemin du Groüais*, s'étendoit fous cette foüille. Il traça enfuite une feconde tranchée à foüil-

8. Inftru-ction. ler, qu'il appella *décharge des tranchées de recherche* ou *aqueduc ;* autre ouvrage qu'il eftimoit, dit-il, auffi utile pour le prefent que pour l'avenir, 1°. parceque ceux qui foüilleroient, 2°. ceux qui auroient à pofer la conduite des tuyaux. 3°. ceux qui dans la fuite travaille-

roient à l'entretien, seroient fort incommodez de l'affluence de l'eau, si l'on ne pouvoit la détourner; & plus utile encore, 4°. en ce que l'embouchure de cette décharge seroit tellement accommodée à l'embouchure de la conduite de tuyaux, que quelque quantité d'eau qui descendît des *tranchées de recherche*, en des temps qu'il est autant impossible de prévoir que ceux des débordemens, elle ne pourroit la forcer, ni 5°. s'élever de plus d'un pouce ou deux sur le fond de ses *tranchées de recherche*; ajoûtant que cette cinquiéme utilité étoit des plus grandes, en ce que plus de hauteur ou de pesanteur d'eau seroit capable de se faire d'autres voyes, que celles qu'on lui auroit préparées avec ces grands soins & ces grandes dépenses, qui le plus souvent empêchent qu'on ne se réfoude à de telles entreprises. Il apporta plusieurs exemples de Sources qui ont été perduës faute d'une telle précaution. Quelques Habitans ajoûterent que la perte de celle de Courson, Village à deux lieuës de leur Ville, ne venoit apparemment que de ce que faute de cette instruction on avoit hauffé les bords de son ancien baffin, ce qui l'avoit obligé à refluer & s'élever sur le fond de son réservoir naturel, ou de ses anciennes routes ou conduites, que l'on tâche d'imiter par les tranchées de recherche. A la priere de M. le Comte de Courson, M. C......a montré où l'on retrouveroit cette Source, mais bien plus baffe & plus éloignée du Village qu'elle n'étoit. Après qu'il eut donné de telles instructions il entra dans la Ville, & n'y ayant rien vû qui s'opposât à son deffein, dés ce

même

même jour il en partit pour Paris.

Le lendemain une partie des Habitans foüillerent fous les traces qu'il avoit faites; un autre jour une autre, & ainfi de fuite à tour de rôlle. Une bande de ces Travailleurs n'étoit pas encore à 13 pieds de profondeur, qu'on entendoit murmurer qu'on trouveroit de l'eau comme on en avoit trouvé. Une autre difoit, qu'on nous en mette gros comme le manche de nôtre pioche à cet endroit plus haut que pas une de nos maifons, & nous donnerons dix mille francs. Vous allez voir, MONSIEUR, que pour moins du quart de cette dépenfe M. C...... y a mis quatre fois plus d'eau. Ceux qui la découvrirent à 14 pieds de profondeur de foüille fous le picquet du milieu, comme il l'avoit promis, jetterent leurs outils, coururent à la Ville quereller

9. Inftitution.

les incredules, & tous les Habitans la vinrent voir. La pourſuite d'un grand bien nous laiſſe toûjours des inquiétudes. La voilà, diſoient quelques-uns, mais elle n'eſt pas dans Coulanges. D'autres à leurs manieres expoſoient des impoſſibi‑ litez, ou formoient des difficultez. M. C...... qu'on inſtruiſit auſſi-tôt de cette découverte, manda qu'on ſe ſouvînt qu'il avoit recommandé expreſſément de ne plus foüiller quand on auroit trouvé le lit de terre imbibé d'eau ; que l'on eût ſeulement attention à le mettre de niveau à l'aide de cette eau même, & que l'on entretînt ſa décharge fort nette. En Decembre il retour‑ na à Coulanges ; il obſerva les vei‑ nes de terre d'où ſortoient, com‑ me il l'avoit prévû, pluſieurs filets d'eau ; il fut toûjours le premier à l'attellier, & il en revenoit le der‑

nier, car on ne trouvoit point d'Inspecteur capable des attentions qu'il vouloit qu'on donnât à son entreprise. Il fit foüiller les tranchées de recherche & leurs décharges plus qu'on n'avoit osé faire en son absence. Il distribuoit de son argent aux Travailleurs pour les engager à entrer par sous-œuvre sous le pied des berges de la foüille, où il s'avançoit le premier pour les enhardir. Plus il faisoit ouvrir certaines veines de terre qu'on lui voyoit choisir, plus il en sortoit d'eau.

10. Instruction.

Ayant enfin déterminé la profondeur de ces foüilles, il fit construire sur leurs fonds une pierrée haute & large d'environ 15 pouces, & dit qu'il l'auroit fait faire plus large s'il avoit trouvé des pierres capables de la couvrir. Cette pierrée fut faite contre l'avis des Ouvriers, qui sous prétexte de l'impossibilité

11. Instruction.

de nettoyer des caneaux si petits, vouloient qu'on fît la dépense de revêtemens en berceau, de cave large de trois pieds, haute de six, comme on seroit obligé de faire dans des sables mouvants. Il n'y avoit pas encore vingt toises de sa pierrée faite quand il la fit couvrir ; puis il en fit tirer par un moyen aussi facile que de peu de dépense, tous les gravois que les Maçons y avoient malicieusement laissez. Cette experience fut admirée de ceux qui estiment les inventions par leur utilité & leur simplicité.

Pendant que l'on travailloit à ce revêtement, il passa à l'execution de la seconde partie de son devis, qu'il intitule : *De la conduite & de la distribution des Eaux*, où il dit que de grands Physiciens de l'Academie des Sciences ont trouvé cette matiere digne de leur application, &

12. Instruction.

13. Instruction.

l'ont épurée de mille anciennes erreurs. Il traça diverses tranchées où l'on pouvoit mettre la conduite des tuyaux qui meneroit la Source à la Ville; il en fit les plans & les profils, & les ayant comparez ensemble, il ne préfera pas celle qui auroit coûté le moins, quoiqu'il eût toûjours en vûë que ce que l'on appelloit le plus grand bien qui pouvoit jamais arriver à Coulanges coûtât peu, mais celle où l'eau couleroit plus facilement.  *14. Instruction.*

Ayant connu par la route que tiendroit la conduite combien il falloit de tuyaux, par la quantité d'eau qu'elle porteroit, & par sa pente quel devoit être leur diametre, il les commanda, & ordonna que l'on fît des pierres du païs un nombre de petits auges, dont il donna le dessein, semblables à peu prés à ceux dans lesquels on donne  *15. Instruction.*  *16. Instruction.*

à boire à la volaille, pour les joindre d'espace en espace à la conduite de tuyaux, qui seroit posée dans cette troisiéme tranchée ; au lieu de ces regards que les Ouvriers conseillent de faire à chaux & ciment, & de couvrir d'un bâtiment qui coûte cent fois, & si l'on n'y prenoit garde, quatre à cinq cens fois plus que ceux qu'il décrit, & qui sont cependant beaucoup plus avantageux. Il dit presque de même des Fontaines qu'on laisse faire à leur gré, puis il ajoûte que l'un & l'autre de ces ouvrages pour le Roy dans Versailles n'ont coûté que 25 à 30 livres.

A mesure que l'on foüilloit cette troisiéme tranchée, l'eau qui venoit des tranchées de recherches suivoit les Travailleurs, malgré les jersures, les trous, les veines de sable qui s'y rencontroient.

n'entretenoit pas à cette eau un paſſage fort libre pour ſa décharge, elle en chaſſoit les Ouvriers.

Avant que de faire de plus grandes dépenſes M. C...... voulut que l'on vît long-temps la Source entrer dans Coulanges par cette ſimple foüille telle que je vous la viens de décrire ; non, dis-je, encore chargée de la conduite des tuyaux, & qui cependant y portoit une telle quantité d'eau, que les Habitans en faiſoient entrer chez eux, en lavoient toutes les ruës, & l'autre partie alloit s'étendre dans les foſſez qui entourent cette Ville. Par cette deſcription vous pouvez juger ſi cette Source eſt auſſi groſſe que le manche d'une pioche, & bien mieux que ſi je vous diſois combien elle donne de pouces d'eau.

17. Inſtruction.

Le 21 Decembre fut un grand

jour pour Coulanges, l'eau répandit dans le cœur des Habitans plus de joye que l'abondance & la maturité de leurs vins n'en avoit jamais fait naître. Ils ne croyoient pas leurs yeux, hommes, femmes, enfans en vouloient boire & piettiner dedans. M. le Lieutenant devenu aveugle, comme vous sçavez, voulut qu'on opposât ses mains à son courant, & dit en se levant que c'étoit un des objets qui lui avoit fait plus regretter la perte de sa vûë. M. le Curé aprés avoir souffert que son peuple s'abandonnât pendant quelque temps à mille folatreries qu'inspire toûjours une joye extraordinaire, le mena à l'Eglise où il entonna un *Te Deum*, pour rendre graces à celui qui est la Source des eaux vives, pendant que le son des cloches annonçoit cet heureux évenement à tout le païs d'alentour, & on les sonna avec tant d'emportement que la plus grosse fut démontée.

M. Millon Receveur de la Terre, donna un trés grand repas; chaque Bourgeois à son tour en fit autant: M.le Curé même pour montrer qu'il approuvoit quelques festins, eut deux grandes tables bien couvertes. M. C....,... ne resta plus à Coulanges, qu'autant de jours qu'il luy en fallut pour faire ragreer cette troisiéme Tranchée, qu'il avoit précipitament fait ouvrir pour satisfaire l'impatience des uns & confondre l'incredulité des autres. Il promit en partant qu'il viendroit entre les mois d'Août & Septembre, qui est le temps des plus basses eaux, voir si cette Source auroit continué à couler, & meriter l'execution de ce qu'il avoit écrit dans sa seconde Partie.

18. Instruction.

Aïant receu des lettres, où l'empreſſement des Habitans faiſoit écrire, que l'eau loin de diminuer étoit augmentée ; que les regards qu'il avoit ordonnez étoient faits ; que les tuyaux qu'il avoit envoïez avec des Ouvriers pour les poſer, étoient arrivez. Il ſe rendit à Coulanges comme il l'avoit promis. Il ôta l'eau de cette Tranchée, où l'on s'étonnoit qu'elle eût ſi long-temps coulé. Il fit poſer les tuyaux ſur ſon fond, il la fit couler par cette nouvelle conduite; & dés qu'il l'eût vû entrer dans la Ville par où il l'avoit promiſe, il partit pour Paris, content de voir Coulanges pour moins de 3000 livres, & bien moins qu'il n'eſt expoſé dans le Devis qu'il a fait, qu'il a ſigné, & qui fut preſenté au Conſeil, abondamment pourvûë d'une eau qu'elle auroit achetée par un tribut perpetuel.

On vient maintenant s'y établir; on y bâtit; & il y a même à present des hôtelleries.

Je ne dois pas oublier à vous faire sçavoir, qu'on n'obligea pas les poseurs de tuyaux à executer tout ce qui est décrit dans la seconde partie du Devis de M. C......; que soit pour l'honneur de la Ville, soit par charité pour les Ouvriers, soit par d'autres considerations où il ne voulut point avoir de part, on s'opiniâtra, & ouvertement dés qu'il fut parti, à faire des dépenses en regards, en fontaines & en foüilles, que déja on connoît non-seulement inutiles, mais très dommageables. Comme vous serez, Monsieur, sur les lieux quand on travaillera à donner de l'eau à vos Habitans, ils ne seront pas exposez à de tels inconveniens.

Quand on aura vû le fruit de ce

*V. la 5. Utilité de la 8. Instruction.*

que l'on a assuré que M. Couplet ne semoit pas en terre ingrate, je vous le décrirai.

La Ville d'Auxerre a presque la même obligation à M. Couplet. Il a montré d'où elle pourroit tirer d'autre eau que celle qui obligeoit à des reparations continuelles, qui étoit, dis-je, bourbeuse, chaude en esté, froide en hyver, & en tout hors des qualitez d'eau de source. Il a donné l'art de la conduire & de la distribuer en sorte, qu'on puisse retirer les frais, & avoir encore des fontaines par tous les carrefours. Les lettres que M. C...... a receuës de Messieurs les Maire, Echevins, & principaux Officiers, assûrent de l'avantage que cette Ville recevra quand elle sera en état de faire executer son Devis.

Dans l'Ouvrage que je vous promets, il y aura la defcription que vous me demandez du Niveau dont M. Couplet fe fert.

Je fuis,

MONSIEUR,

Votre &c.
RICHER.

*Pour conserver la mémoire de cette découverte, on a fait des Inscriptions & des Devises, dont je vous raporteray seulement celles-cy.*

### INSCRIPTION.

Non erat ante fluens populis sitientibus unda;
Ast dedit æternas arte CUPLETUS aquas.

ANNO MDCCVII.                                  LIGIR.

### DEVISE.

*Le corps represente un Moyse qui tire de l'eau d'un rocher entouré de seps de vignes. Les mots sont,*

### UTILE DULCI.

### L'UTILE AVEC L'AGREABLE.

### ANNO MDCCVII.

## APPROBATION.

J'Ay lû par ordre de Monsieur le Lieutenant General de Police, un Manuscrit intitulé, *Relation instructive, &c.* dont on peut permettre l'impression. A Paris ce 23. Août 1712.

### PASSART.

## PERMISSION.

Veu l'Approbation du sieur Passart, permis d'imprimer ce 24. Août 1712.

### M. R. DE VOYER D'ARGENSON.

*Registrée sur le Livre de la Communauté des Libraires Imprimeurs de Paris, num. 246. conformément aux Reglemens, & notamment à l'Arrest de la Cour de Parlement du 3. Decembre 1705. A Paris ce 9. Septembre 1712.*

### L. JOSSE, Syndic.

De l'Imprimerie de la Veuve d'Antoine Lambin.

www.ingramcontent.com/pod-product-compliance
Lightning Source LLC
Chambersburg PA
CBHW060607050426
42451CB00011B/2126